Traduzidos dos respectivos originais, com introduções e notas explicativas, esta colecção põe o leitor em contacto com textos marcantes da história da filosofia.

Pensamentos Filosóficos

Adição aos Pensamentos Filosóficos ou Objecções Diversas Contra os Escritos de Diversos Teólogos

70

Título original:
Pensées Philosophiques

© desta tradução, Miguel Serras Pereira e Edições 70

Tradução: MIGUEL SERRAS PEREIRA a partir de Diderot, *Œuvres*, t. I, *Philosophie*, edição, apresentação e notas de Laurent Versini, "Bouquins", Robert Laffont, Paris, 1994.

Capa: FBA

Depósito legal nº 355879/13

Biblioteca Nacional de Portugal – Catalogação na Publicação

DIDEROT, 1713-1784

Pensamentos filosóficos. – (Textos filosóficos)
ISBN 978-972-44-1757-8

CDU 165

Paginação:
EDIÇÕES 70

Impressão e acabamento:
PAPELMUNDE, SMG, LDA.

para
EDIÇÕES 70, LDA.
Fevereiro de 2013

Todos os direitos reservados

EDIÇÕES 70, uma chancela de Edições Almedina, S.A.
Avenida Fontes Pereira de Melo, 31 – 3º C - 1050-117 Lisboa / Portugal
e-mail: geral@edicoes70.pt

www.edicoes70.pt

Esta obra está protegida pela lei. Não pode ser reproduzida,
no todo ou em parte, qualquer que seja o modo utilizado,
incluindo fotocópia e xerocópia, sem prévia autorização do Editor.
Qualquer transgressão à lei dos Direitos de Autor será passível
de procedimento judicial.

Denis Diderot
Pensamentos Filosóficos
Adição aos Pensamentos Filosóficos ou Objecções Diversas Contra os Escritos de Diversos Teólogos

Piscis hic non est omnium.
(Este peixe não é para todos.)

Quis leget hæc?
(Quem lerá isto?)
Pérsio, *Sátiras*, I.

Escrevo sobre Deus; conto com poucos leitores, e não aspiro a mais do que uns quantos sufrágios. Se estes pensamentos a ninguém agradarem, é que só poderão ser maus; mas tê-los-ei por detestáveis, se agradarem a todos([1]).

1. Declama-se sem fim contra as paixões; imputam-se-lhes todas as penas do homem, e esquece-se que são também a fonte de todos os seus prazeres. São, na sua constituição, um elemento do qual não podemos dizer demasiado bem nem demasiado mal. Mas o que causa o meu humor é nunca serem consideradas senão do seu lado mau. Ter-se-ia por injuriar a razão dizer uma palavra a favor das suas rivais. Todavia são somente as paixões, e as grandes paixões, que podem educar a alma nas coisas maiores. Sem elas, não há sublime, seja nos costumes,

---

([1]) *Pensées philosophiques* é a primeira obra original publicada por Diderot, em 1746 – embora anonimamente, e sob a chancela forjada de um editor holandês de Haia (na realidade, os *Pensamentos...* são publicados em Paris, por Laurent Durand), uma vez que o autor temia que a sua apologia de um deísmo, ao mesmo tempo céptico e crítico, cuja radicalização o conduzirá em breve a um ateísmo explícito, lhe valesse perseguições por parte das autoridades. E, com efeito, o Parlamento de Paris viria a condenar e mandar queimar, ainda em 1746, o livro, que conhecera, entretanto, um notável sucesso (*N.T*).

seja nas obras; as belas-artes voltam à infância, e a virtude torna-se minuciosa.

2. As paixões sóbrias fazem os homens comuns. Se enfrento o inimigo, quando se trata da salvação da minha pátria, não passo de um cidadão como os demais. A minha amizade é tão-só circunspecta, se o perigo de um amigo me abre os olhos para os meus. É-me mais cara a vida do que a minha senhora? Não passo de um amante como qualquer outro.

3. As paixões amortecidas degradam os homens extraordinários. O constrangimento aniquila a grandeza e a energia da natureza. Vede esta árvore; é ao luxo dos seus ramos que deveis a frescura e a extensão das suas sombras; gozareis delas até vir o inverno despojá-la da sua cabeleira. Operado pela superstição o trabalho da velhice sobre o temperamento, acabar-se-á a excelência em poesia, na pintura, na música.

4. Seria pois uma felicidade, dir-me-ão, terem-se as paixões fortes. Sim, sem dúvida, contanto que todas estejam em uníssono. Estabelecei entre elas uma justa harmonia, e não receeis desordens. Se a esperança for comedida pelo temor, o ponto de honra pelo amor da vida, a inclinação ao prazer pelo interesse da saúde, não vereis nem libertinos, nem temerários, nem cobardes.

5. É o cúmulo da loucura que alguém se proponha a ruína das paixões. Belo projecto, o de um devoto que se atormenta como um desalmado no propósito de nada desejar, nada querer, nada sentir, e que acabaria por se tornar um verdadeiro monstro, se fosse bem sucedido!

6. O que é objecto da minha estima num homem poderia ser objecto dos meus desprezos num outro? Não, sem dúvida. A verdade, independente dos meus caprichos, deve ser a regra dos meus juízos; e não farei neste um crime daquilo que admirei naquele. Crerei estar reservado a alguns praticarem actos de perfeição que a natureza e a religião devem ordenar indiferentemente a todos? Menos ainda; pois, de onde lhes viria esse privilégio exclusivo? Se Pacómio fez bem rompendo com o género humano para se enterrar numa solidão, não me é vedado imitá-lo: imitando-o, serei tão virtuoso como ele, e não antevejo por que razão cem outros não teriam o mesmo direito que eu. Bela coisa seria, no entanto, ver-se uma província inteira temerosa dos perigos da sociedade, dispersar-se nas florestas; os seus habitantes viverem como animais ferozes para se santificarem; mil colónias erguidas sobre as ruínas de todas as afeições sociais; um novo povo de estilitas despojar-se por meio da religião dos sentimentos da natureza, e os seus membros deixarem de ser homens e fazer-se estátuas para serem verdadeiros cristãos.

7. Que vozes! Que gritos! Que gemidos! Quem encerrou nestas masmorras todos estes cadáveres plangentes? Que crimes cometeram todos estes desgraçados? Uns batem no peito com calhaus; outros dilaceram o corpo com unhas de ferro; todos eles têm o remorso, a dor e a morte nos olhos. Quem os condena a estes tormentos? – O Deus que ofenderam. – Que Deus vem a ser esse? – Um Deus cheio de bondade. – Um Deus cheio de bondade encontraria prazer em banhar-se nas lágrimas? Os terrores não seriam uma injúria à sua clemência? Que mais fariam criminosos encarregados de acalmar os furores de um tirano?

8. Há gente da qual não se deve dizer que adora Deus, mas antes que o teme.

9. Pelo retrato que me fazem do Ser Supremo, da sua inclinação para a cólera, do rigor das suas vinganças, de certas comparações que nos exprimem em números a proporção daqueles que deixa perecer e a daqueles aos quais se digna estender a mão(²) a alma mais recta seria tentada a desejar que ele não existisse. Estaríamos bastante tranquilos neste mundo, se estivéssemos bem certos de nada ter a temer no outro: pensar que não há Deus nunca assustou ninguém; o que assusta é pensar que o haja, semelhante àquele que me pintam.

10. Não devemos imaginar Deus nem demasiado bom, nem mau. A justiça está entre o excesso da clemência e da crueldade, da mesma maneira que as penas finitas estão entre a impunidade e as penas eternas.

11. Sei que as ideias negras da superstição são mais geralmente aprovadas do que seguidas; que há devotos que não consideram ter de se odiar

---

(²) É a doutrina da predestinação que Diderot incrimina aqui (*N.T.*).

cruelmente para melhor amarem Deus, e viver como desesperados para serem religiosos; a sua devoção é alegre, a sua sabedoria bem humana; mas de onde nasce esta diferença de sentimentos entre gente que se prosterna aos pés dos mesmos altares? A piedade seguiria, também ela, a lei de um temperamento maldito? Mas, ai, como negá-lo? É demasiado sensivelmente que a sua influência se faz notar sobre o mesmo devoto, que, segundo aquela o afecta, vê um Deus vingador ou misericordioso, os infernos ou os céus abertos; treme de medo ou arde de amor; é uma febre que tem os seus acessos frios e quentes.

12. Sim, mantenho-o, a superstição é mais injuriosa para Deus do que o ateísmo. «Preferiria», diz Plutarco, «que se pensasse que nunca houve Plutarco no mundo a que se cresse que Plutarco é injusto, colérico, inconstante, invejoso, vingativo, e tal como muito o desgostaria ser»([3]).

13. Só o deísta pode fazer frente ao ateu. Falta ao supersticioso força para tanto. O seu Deus não é mais do que uma criatura da imaginação. Além das dificuldades da matéria, ei-lo exposto a todas as que resultam da falsidade das suas noções. Um C...([4]), um S...([5]), teriam causado mil vezes mais embaraços a um Vanini do que todos os Nicole e Pascal do mundo.

([3]) Plutarco, *De superstitione*, 10 (*N.T.*).
([4]) Ralph Cudworth (1617-1688), filósofo de Cambridge, autor de *The True Intellectual System of the Universe*, acusado de tendências materialistas e ateístas (*N.T.*).
([5]) Shaftesbury (*N.T.*).

14. Pascal tinha um espírito recto; mas era timorato e crédulo. Escritor elegante e pensador profundo, teria sem dúvida iluminado o universo se a Providência o não tivesse abandonado a outros que sacrificaram os seus talentos aos seus ódios. Como seria de desejar que ele tivesse deixado aos teólogos do seu tempo o cuidado de resolverem as suas querelas; que se tivesse entregado à busca da verdade, sem reserva e sem receio de ofender a Deus, servindo-se de todo o espírito que dele recebera, e sobretudo que tivesse recusado ter por mestres homens que não eram dignos de ser seus discípulos! Bem poderia aplicar-se-lhe o que o engenhoso La Mothe dizia de La Fontaine: que foi tão tolo que acreditou que Arnaud, De Sacy e Nicole valiam mais do que ele.

15. «Vejo que não há Deus; que a criação é uma quimera; que a eternidade do mundo não é mais incómoda do que a eternidade de um espírito; que, porque não concebo como pôde o movimento engendrar este universo, que tão perfeitamente tem a virtude de conservar, é ridículo levantar essa dificuldade em favor da suposta existência de um ser que não posso conceber melhor; que, se as maravilhas que brilham na ordem física revelam certa inteligência, as desordens que reinam na ordem moral aniquilam toda a Providência. Digo-vos que, se tudo é obra de um Deus, tudo deve ser o melhor possível: porque, se nem tudo é o melhor que é possível, então há em Deus impotência ou má vontade. No melhor dos casos não me acho pois mais esclarecido sobre a sua existência: posto isto, que me importam as vossas luzes? Ainda quando fosse demonstrado o que o está tão pouco, que todo o mal é origem de um bem; que era bom que um Britânico, que o melhor dos príncipes perecesse; que um Nero, que o pior dos homens reinasse; como se provaria que era impossível alcançar o mesmo fim sem usar dos mesmos meios? Permitir vícios para realçar o esplendor das virtudes é uma compensação bem frívola para um inconveniente tão real[6]. Aqui está, diz o ateu, o que vos objecto, que tendes vós a responder? – *Que sou um celerado, e que se nada tivesse a temer de Deus, não combateria a sua existência».* Deixemos esta frase aos declamadores: pode chocar a verdade; a urbanidade proíbe-a, e é sinal de pouca caridade. Porque um homem se engana por não crer em Deus, será isso razão para o injuriarmos? Só se recorre às invectivas quando as provas faltam. Entre duas controvérsias, podemos apostar cem contra um que será aquele que se engana a enfurecer-se: «Vales-te do teu trovão em vez de responderes», diz Menipo a Júpiter, «logo, não tens razão»[7].

16. Todas as quimeras da metafísica não valem um argumento *ad hominem*. Para convencer, basta por vezes despertar o sentimento físico ou moral. Foi com um pau que se provou ao pírrico que errava ao negar a sua existência. Cartouche[8], com a pistola na mão, poderia ter dado a Hobbes uma

---

[6] Aqui, o alvo é o optimismo de Leibniz *(N.T.)*.
[7] Citação aproximativa do *Zeus Confundido* de Luciano *(N.T.)*.
[8] Célebre bandido francês, cujas aventuras tiveram lugar nos princípios do século XVIII *(N.T.)*.

lição semelhante: «A bolsa ou a vida; estamos sós, eu sou o mais forte, e a equidade está fora de questão entre nós».

18. Não foi da mão do metafísico que partiram os grandes golpes que o ateísmo recebeu. As meditações sublimes de Malebranche e de Descartes eram menos de molde a abalar o materialismo do que uma observação de Malpighi. Se essa perigosa hipótese nos nossos dias vacila, é à física experimental que é devido o louvor. Só nas obras de Newton, de Musschenbrock, de Hartsocker e de Nieuwentyt se puderam encontrar provas satisfatórias da existência de um ser soberanamente inteligente. Graças aos trabalhos destes grandes homens, o mundo deixou de ser um deus: é uma máquina que tem as suas rodas, as suas cordas, as suas roldanas, as suas molas e os seus pesos.

19. As subtilezas da ontologia fizeram quando muito cépticos: era ao conhecimento da natureza que estava reservado fazer verdadeiros deístas. A simples descoberta dos germes dissipou uma das mais poderosas objecções do ateísmo. Seja o movimento essencial ou acidental na matéria, estou agora convencido de que os seus efeitos terminam em desenvolvimentos: todas as observações concorrem para me demonstrar que a simples putrefacção nada de organizado produz; posso admitir que o mecanismo do insecto mais vil não é menos maravilhoso do que o do homem, e não receio que daí se infira que, sendo uma agitação intestina das moléculas capaz de produzir um, é verosímil que tenha dado também o outro. Se um ateu tivesse adiantado, há duzentos anos, que talvez um dia se vissem homens completamente formados sair das entranhas da terra, como se vê uma multidão de insectos sair de uma massa de carne aquecida, gostaria bem de saber o que teria a responder-lhe um metafísico.

20. Foi em vão que ensaiei contra um ateu as subtilezas da escola; ele acabava até por tirar da fraqueza desses argumentos uma objecção bastante forte. «Uma multidão de verdades inúteis é-me demonstrada sem réplica», dizia ele; «e a existência de Deus, a realidade do bem e do mal moral, a imortalidade da alma, são ainda problemas para mim. Ora, importar-me-ia, portanto, menos esclarecer-me sobre esses assuntos do que estar convencido de que os três ângulos de um triângulo são iguais a dois rectos?» Enquanto, como hábil declamador, ele me fazia absorver por longos tragos toda a amargura desta reflexão, eu tornei ao combate por meio de uma questão que deve ter parecido singular a um homem inchado pelos seus primeiros sucessos. «Sois um ser pensante?, perguntei-lhe eu. – Poderíeis duvidar de tal?, respondeu-me ele com um ar satisfeito. – Porque não? Que vi eu que me convencesse de que assim é? Sons e movimentos? Mas o filósofo percebe-os igualmente no animal que despoja da faculdade de pensar: porque vos concederia eu o que Descartes recusa à formiga? Produzis no exterior actos diante dos quais poderia inclinar-me; estaria tentado a afirmar que, com efeito, pensais; mas a razão suspende o meu juízo. – Entre os actos exteriores e o pensamento, não há ligação essencial, diz-me ela; é possível que o teu antagonista não pense mais do que o faz o seu relógio: deveríamos tomar por um ser pensante o primeiro animal que tivesse sido ensinado a falar? Quem te revelou que todos os homens não são outros tantos papagaios instruídos sem o teu conhecimento? – Essa comparação é quando muito engenhosa, replicou-me ele; não é pelo movimento e pelos sons, é pelo fio das ideias, pela consequência que reina entre as proposições e pela ligação dos juízos, que devemos julgar que um ser pensa: se houvesse um papagaio que respondesse a tudo, eu decretaria sem hesitar estarmos diante de um ser pensante... Mas que tem em comum esta questão com a existência de Deus? Depois de me terdes demonstrado que o homem no qual advirto mais espírito talvez não seja mais do que um autómato, sentir-me-ei mais disposto por isso a reconhecer uma inteligência na natureza? – Disso ocupo-me eu, continuei: mas convinde em que haveria loucura em recusardes aos vossos semelhantes a faculdade de pensar. – Sem dúvida; mas que se segue daí? – Segue-se que, se o universo, ou já não digo o universo, mas uma asa de borboleta me oferece traços de uma inteligência mil vezes mais distintos do que vós tendes indícios de o vosso semelhante ser dotado da faculdade de pensar, seria mil vezes mais louco negar que existe um Deus do que negar que o vosso semelhante pensa. Ora, sendo assim, é às vossas luzes, é à vossa consciência que apelo: tereis alguma vez observado nos raciocínios, nas acções e na conduta de um qualquer homem, mais inteligência, ordem, sagacidade, consequência do que no mecanismo de um insecto? Não está a Divindade mais claramente inscrita no olho de um ácaro do que a faculdade de pensar nas obras do grande Newton? Como, pois? O mundo formado prova menos uma inteligência do que o mundo explicado? Que asserção! – Mas, replicais vós, admito a faculdade de pensar de outrem tanto mais vivamente quanto mais certo é que eu mesmo penso. – Aí está, sou levado a concordar, uma presunção que não tenho; mas de tal não me compensa a superioridade das minhas provas sobre as vossas? A inteligência de um primeiro ser não me é melhor demonstrada na natureza pelas suas obras do que a faculdade de pensar num filósofo pelos seus escritos? Cuidai pois que não vos opus mais do que uma asa de borboleta, do que um olho de ácaro, quando podia esmagar-vos com o peso do universo[9] . Ou me engano redondamente, ou esta prova vale bem a melhor até este dia ditada pelas escolas. É por meio deste raciocínio, e alguns outros com a mesma simplicidade, que admito a existência de um Deus, e não por meio desses tecidos de ideias secas e metafísicas, menos de molde a desvelar a verdade do que a dar-lhe a aparência da mentira».

21. Abro os cadernos de um professor célebre, e leio: «Ateus, concedo-vos que o movimento é essencial na matéria; que concluís disso? – Que o mundo resulta do lance fortuito dos átomos. – O que me satisfaz tanto como se me dissésseis que *A Ilíada* de Homero, ou *A Henríada* de Voltaire é um resultado de lances fortuitos de caracteres».

---

[9] É identificável neste passo da controvérsia a evocação de argumentos e símiles de Pascal (*N.T.*).

Terei bem o cuidado de não opor este argumento a um ateu: semelhante comparação dar-lhe-ia um belo jogo. «Segundo as leis da análise das sortes», dir-me-ia ele, «não devo surpreender-me que uma coisa aconteça uma vez que seja possível, e que a dificuldade do acontecimento seja compensada pela quantidade dos lances. Um número de lances suficiente tornar-me-ia vantajoso apostar que conseguiria cem mil seis ao mesmo tempo jogando com cem mil dados. Qualquer que fosse a soma finita dos caracteres com que me propusessem engendrar fortuitamente *A Ilíada*, há uma certa soma finita de lances que faria com que essa proposta me fosse vantajosa: a minha vantagem seria até infinita, se fosse infinita a quantidade dos dados concedidos. De bom grado convireis comigo, continuaria ele, que a matéria existe desde toda a eternidade, e que o movimento é sua parte essencial. Em resposta ao vosso favor, vou supor convosco que o mundo não tem extremas, que a multidão dos átomos era infinita, e que essa ordem que vos assombra não se desmente em parte alguma: ora, destas concessões recíprocas não se segue outra coisa senão que a possibilidade de engendramento fortuito do universo é muito pequena, mas que a quantidade de lances é infinita, quer dizer que a dificuldade do acontecimento é mais do que suficientemente compensada pela multidão dos lances. Se alguma coisa deve pois repugnar à razão, é supor que, movendo-se a matéria desde toda a eternidade, e que nela havendo talvez na soma infinita das combinações possíveis um número infinito de arranjos admiráveis, nenhum desses arranjos se tenha encontrado na multidão infinita dos que ela sucessivamente tomou. O espírito deveria pois experimentar maior assombro perante a duração hipotética do caos do que perante o nascimento real do universo».

22. Distingo os ateus em três classes. Alguns são os que vos dizem claramente que Deus não existe, e que o pensam: *são os verdadeiros ateus;* um número bastante grande é o dos que não sabem que pensar, e que decidiriam de bom grado a questão por cara ou coroa: *são os ateus cépticos*; muitos mais há que quereriam que não existisse Deus, que disso aparentam estar persuadidos, que vivem como se o estivessem: *são os fanfarrões do partido*. Detesto os fanfarrões: são falsos; lamento os verdadeiros ateus: parece-me que para eles morreu toda a consolação; *e rezo a Deus* pelos cépticos: faltam-lhes as luzes.

23. O deísta assegura a existência de um Deus, a imortalidade da alma e as suas consequências; o céptico não se decide sobre esses artigos; o ateu nega-as. O céptico tem pois para ser virtuoso um motivo mais do que o ateu, e alguma razão menos do que o deísta. Sem o receio do legislador, a inclinação do temperamento e o conhecimento das vantagens actuais da virtude, a probidade do ateu não teria fundamento, e a do céptico fundar-se-ia num *talvez*.

24. O cepticismo nem a todos convém. Supõe um exame profundo e desinteressado: aquele que duvida porque não conhece as razões da credibilidade não passa de um ignorante. O verdadeiro céptico contou e pesou as razões. Mas pesar razões não é coisa pouca. Qual de nós lhes conhece exactamente o valor? Que se apresentem cem provas da mesma verdade, nenhuma delas deixará de ter os seus partidários. Cada espírito tem o seu telescópio. Aos meus olhos é um colosso essa objecção que aos vossos desaparece: vós considerais ligeira uma razão que me esmaga. Se estamos divididos sobre o valor intrínseco, como nos poremos de acordo sobre o peso relativo? Dizei-me, quantas provas morais são necessárias para contrabalançar uma conclusão metafísica? São as minhas lentes que pecam ou as vossas? Se é pois tão difícil pesar razões, e se não há questões que as não tenham pró e contra, e quase sempre em igual medida, porque nos pronunciamos tão depressa? De onde nos vem esse tom tão decidido? Não experimentámos cem vezes que a suficiência dogmática revolta? «Fazem-me odiar coisas verosímeis», diz o autor dos *Ensaios*, quando mas fixam como infalíveis. Gosto dessas palavras que abrandam e moderam a temeridade das nossas proposições, *porventura, nalguma medida, por vezes, diz-se, penso*, e outras semelhantes; e se tivesse de educar seres jovens, afeiçoar-lhes-ia de tal modo a boca a esta maneira de responder inquiridora e não resolutiva – *Que quer isso dizer? Não entendo. Poderia ser. Será verdade?* – que eles mais facilmente se conduziriam como aprendizes aos sessenta anos do que se dariam ares de doutores com a idade de quinze»([10]).

25. O que é Deus? – pergunta que se faz às crianças, e à qual os filósofos têm grande dificuldade em responder.

([10]) Michel de Montaigne, *Essais*, III, «Des boyteux» *(N.T.)*.

Sabe-se com que idade uma criança deve aprender a ler, a cantar, a dançar, o latim, a geometria. Só em matéria de religião se não consulta o seu alcance: assim que tem entendimento, logo lhe perguntam: «O que é Deus?» É no mesmo instante, é da mesma boca que a criança aprende que há espíritos maliciosos, fantasmas, lobisomens e um Deus. Inculcam-lhe uma das mais importantes verdades de uma maneira capaz de a desacreditar um dia perante o tribunal da sua razão. Com efeito, que haverá de surpreendente se, descobrindo aos vinte anos de idade a existência de Deus confundida na sua cabeça com uma massa de preconceitos ridículos, acabar por a não reconhecer e a tratar como os nossos juízes tratam um homem de bem que por acidente se acha no meio de um bando de malandros?

26. Falam-nos demasiado Deus; outra falta: não se insiste o bastante sobre a sua presença. Os homens baniram a Divindade de entre eles; relegaram-na para um santuário; as paredes de um templo limitam a sua visão; esta não existe fora delas. Insensatos que sois, destruí esses recintos que restringem as vossas ideias, alargai Deus; vede-o em toda a parte onde está, ou dizei que ele não existe. Se tivesse um jovem para educar, eu faria da Divindade uma companhia tão real para ele que talvez lhe custasse menos tornar-se ateu do que distrair-se dela. Em lugar de lhe citar o exemplo de um outro homem que ele sabe por vezes pior do que ele, dir-lhe-ia bruscamente: «Deus ouve-te, e tu mentes». Os seres jovens querem ser tomados pelos sentidos: assim, eu multiplicaria à sua volta os sinais que indicam a presença divina. Se, por exemplo, se reunisse uma roda em minha casa, eu marcaria nela um lugar para Deus, e acostumaria o meu pupilo a dizer: «Éramos quatro, Deus, o meu amigo, o meu tutor e eu».

27. A ignorância e a *incuriosidade* são dois travesseiros bem macios; mas para se terem por tais, é mister ter-se *a cabeça tão bem feita* como Montaigne(¹¹).

28. Os espíritos fogosos, as imaginações ardentes não se acomodam à indolência do céptico. Preferem aventurar uma escolha a não a fazer; enganar-se a viver incertos; quer não se fiem nos seus braços, quer temam as água profundas, vemo-los sempre pendurados de ramos cuja fraqueza perfeitamente sentem, e aos quais preferem manter-se agarrados a abandonar-se à torrente. Afirmam tudo, ainda que nada tenham seriamente examinado: não duvidam de nada, porque não têm nem paciência nem coragem para tanto. Ao sabor de relâmpagos que os decidem, se por acaso encontram a verdade, não é tacteando que o fazem, mas bruscamente e como que por revelação. São, entre os dogmáticos, como os chamados iluminados, entre o povo devoto. Conheci indivíduos desta espécie inquieta que não concebiam como se podia aliar a tranquilidade de espírito com a indecisão. «O meio de viver feliz sem saber que se é feliz, nem de onde se vem, para onde se vai, porque se veio! – Orgulho-me de ignorar todas essas coisas, sem que isso me faça mais

---

(¹¹) Cf. Montaigne, *Essais*, III, «De l'expérience» (*N.T*).

infeliz, respondia friamente o céptico; não é culpa minha, se encontrei a minha razão muda, quando a interroguei sobre o meu estado. Toda a minha vida ignorarei sem mágoa o que me é impossível saber. Porque choraria eu conhecimentos que não pude proporcionar-me, e que sem dúvida não me são muito necessários, uma vez que sou privado deles? O mesmo seria, disse um dos primeiros génios do nosso século, afligir-me seriamente por não ter quatro olhos, quatro pés e duas asas»([12]).

29. Deve ser-me exigido que busque a verdade, mas não que a encontre. Não poderia um sofisma afectar-me mais vivamente do que uma prova sólida? A necessidade faz-me consentir no falso que tomo por verdadeiro, e rejeitar o verdadeiro que tomo por falso; mas que tenho a temer, se é inocentemente que me engano? Não somos recompensados no outro mundo por termos tido espírito neste; seremos punidos por ele nos ter aqui faltado? Condenar um homem por maus raciocínios é esquecer que aquele é um tolo para o tratar como um malvado.

30. O que é um céptico? É um filósofo que duvidou de tudo aquilo que crê, e que crê que um uso legítimo da sua razão e dos seus sentidos lhe demonstrou a verdade. Quereis alguma coisa de mais preciso? Tornai sincero o pírrico, e tereis o céptico.

([12]) Voltaire, *Lettres philosophiques*, XXV, «Sur les pensées de M. Pascal» *(N.T.)*.

31. O que nunca foi posto em questão não foi provado. O que não foi examinado sem prevenção nunca foi bem examinado. O cepticismo é pois o primeiro passo para a verdade. Deve ser geral, porque é a pedra de toque daquela. Se para se assegurar da existência de Deus, o filósofo começa por duvidar, haverá alguma proposição que possa subtrair-se a essa prova?

32. A incredulidade é por vezes o vício de um tolo, e a credulidade o defeito de um homem de espírito. O homem de espírito vê longe na imensidão dos possíveis; o tolo não vê outro possível para lá daquilo que é. Talvez seja isto que torna um pusilânime, e o outro temerário.

33. É tão grande o risco de se crer demasiado como o de se crer demasiado pouco. Não há nem mais nem menos perigo em ser-se politeísta do que em ser-se ateu; ora, só o cepticismo pode prevenir igualmente, em todo o tempo e todo o lugar, estes dois excessos opostos.

34. Um semicepticismo é a marca de um espírito fraco: denuncia um pensador pusilânime que se deixa intimidar pelas consequências; um supersticioso que crê honrar o seu Deus por meio dos entraves que põe à sua razão; uma espécie de incrédulo que teme desmascarar-se a si mesmo; porque se a verdade nada tem a perder com o exame, como é convicção do semicéptico, que pensará ele no fundo da sua alma dessas noções privilegiadas que receia sondar, e que foram postas num recanto do seu cérebro, como num santuário do qual ele não ousa aproximar-se?

35. Ouço por toda a parte clamar contra a impiedade. O cristão é ímpio na Ásia, o muçulmano na Europa, o papista em Londres, o calvinista em Paris, o jansenista no alto da rua Saint-Jacques(¹³) , o molinista(¹⁴) no fundo do subúrbio de Saint-Médard(¹⁵). O que é, pois, um ímpio? Sê-lo-á todo o mundo, ou ninguém?

36. Quando os devotos se lançam contra o cepticismo, parece-me que entendem mal o seu interesse, ou que se contradizem. Se é certo que um culto verdadeiro para ser abraçado e um falso culto para ser abandonado requerem apenas que os conheçamos bem, seria de desejar que uma dúvida universal se difundisse pela superfície da Terra, e que todos os povos houvessem por bem pôr em questão a verdade das suas religiões: os nossos missionários deparariam assim com metade da sua tarefa feita.

37. Aquele que não conserva por escolha o culto que recebeu por educação, não pode orgulhar-se mais de ser cristão ou muçulmano do que de não ter nascido cego ou coxo. É uma sorte feliz, e não um mérito.

(¹³) Onde os jesuítas tinham um dos seus maiores colégios (*N.T.*).

(¹⁴) Referência à doutrina do jesuíta Luis Molina (1536-1600), que visa conciliar a afirmação do livre-arbítrio com o da omnipotência divina, e rejeita a concepção jansenista da salvação como exclusivamente determinada pela graça (*N.T.*).

(¹⁵) O bairro de Saint-Médard, fora das muralhas de Paris e integrado na cidade no primeiro quartel do século XVIII, tornara-se conhecido como destacado teatro de manifestações jansenistas (*N.T.*).

38. Aquele que morresse por um culto cuja falsidade conhecesse seria um louco furioso.

Aquele que morre por um culto falso, mas que crê verdadeiro, ou por um culto verdadeiro, mas que não pode provar, é um fanático.

O verdadeiro mártir é aquele que morre por um culto verdadeiro, e cuja verdade lhe foi demonstrada.

39. O verdadeiro mártir aguarda a morte; o entusiasta corre para ela.

40. Aquele que, encontrando-se em Meca, insultasse as cinzas de Maomé, derrubasse os seus altares e perturbasse uma mesquita em peso, conseguiria decerto que o empalassem, e talvez não fosse canonizado. Um zelo assim já não está na moda. Polieucto nos nossos dias não seria mais do que um insensato.

41. Passou o tempo das revelações, dos prodígios e das missões extraordinárias. O cristianismo já não tem necessidade dessas escoras. Um homem a quem ocorresse representar entre nós o papel de Jonas, correr as ruas gritando: «Mais dois ou três dias, e Paris deixará de existir; fazei penitência, parisienses, cobri-vos de sacos e de cinzas, ou dentro de três dias perecereis», seria prontamente preso e conduzido perante um juiz que não deixaria de o enviar para o asilo das Petites-Maisons([16]). Bem

---

([16]) Hospício de Paris, criado a meados do século XVI, e destinado a acolher velhos, «insensatos» e vários tipos de enfermos (*N.T.*).

poderia dizer: «Povos, acaso Deus vos ama menos do que ao Ninivita? Sois menos culpados do que ele?» Ninguém se divertiria a responder-lhe, nem esperaria, para o tratar como visionário, o termo da sua predição.

Elias pode voltar do outro mundo quando quiser; os homens sendo o que são, serão grandes milagres os que fará se for bem acolhido neste.

42. Quando se anuncia ao povo um dogma que contradiz a religião dominante, ou algum facto contrário à tranquilidade pública, ainda que se justifique essa missão com milagres, o governo tem o direito de punir, e o povo de exclamar: *Crucifige* (¹⁷). Que perigo não seria abandonar os espíritos às seduções de um impostor, ou às fantasias de um visionário? Se o sangue de Jesus Cristo clamou vingança contra os judeus, é que, derramando-o, eles fechavam os ouvidos à voz de Moisés e dos Profetas que o declaravam o Messias. O anjo, ainda que descido dos céus, ainda que apoiando as suas razões por meio de milagres, caso pregue contra a lei de Jesus Cristo, Paulo quer feri-lo de anátema. Não é pois pelos milagres que devemos julgar a missão de um homem, mas pela conformidade da sua doutrina com a do povo ao qual ele diz ter sido enviado, *sobretudo quando a doutrina desse povo se demonstrou verdadeira.*

43. Toda a inovação num governo é de temer. A mais santa e mais doce das religiões, o próprio

---

(¹⁷) Ou seja: *Crucifige eum*, «Crucifica-o» (*N.T.*)

cristianismo não se implantou sem causar algumas perturbações. Os primeiros filhos da Igreja saíram por mais de uma vez da moderação e da paciências que lhes estavam prescritas. Seja-me permitido referir alguns fragmentos de um édito do Imperador Juliano([18]); estes caracterizam maravilhosamente o génio desse príncipe-filósofo e o humor dos espíritos zelosos do seu tempo.

«Eu imaginara», diz Juliano, «que os chefes dos galileus sentiriam como os meus procedimentos são diferentes dos do meu predecessor, e que me teriam por isso alguma gratidão: sofreram sob o seu reinado o exílio e as prisões; e foram passados a fio de espada uma multidão daqueles aos quais eles chamam heréticos (...). Sob o meu reinado, os exilados foram chamados a voltar, soltaram-se os prisioneiros e foi restabelecida a posse dos proscritos sobre os seus bens. Mas são tais a inquietação e o furor dos homens da sua laia que, desde que perderam o privilégio de se devorar uns aos outros, de atormentar quer os que estão apegados aos seus dogmas, quer os que seguem a religião autorizada pelas leis, não se abstêm de meio algum, não deixam escapar ocasião alguma de excitar revoltas, gente que não respeita a verdadeira piedade, e sem respeito pelas nossas constituições (...). Todavia não entendemos que sejam arrastados até aos pés dos nossos altares ou que lhes seja feita violência (...). Quanto ao povo miúdo, ao que parece são

---

([18]) Os excertos citados por Diderot são, na realidade, de uma carta de Juliano (331-363), dito «o Apóstata». O texto é citado por Diderot a partir de uma citação não muito rigorosa de Shaftesbury (*N.T.*).

os seus chefes que fomentam neles o espírito de sedição, furiosos pelos limites que pusemos aos seus poderes: porque os banimos dos nossos tribunais, e já não têm a comodidade de dispor dos testamentos, de suplantar os herdeiros legítimos e de se apoderar das sucessões (...). É por isso que proibimos a esse povo que se reúna em tumulto e que conspire em casa dos seus sacerdotes sediciosos (...). Que este édito seja a segurança dos nossos magistrados que os desordeiros injuriaram mais do que uma vez, e puseram em risco de lapidação (...). Que vão em paz a casa dos seus chefes, que aí façam as suas preces, que aí se instruam, e aí observem o culto que deles receberam; permitimos-lhes que o façam: mas eles que renunciem a todos os seus desígnios facciosos (...). Se essas assembleias são para eles uma ocasião de revolta, sê-lo-ão por sua conta e risco; é a advertência que lhes faço (...). Povos incrédulos, vivei em paz (...). E vós que continuastes fiéis à religião do vosso país e aos deuses dos vossos pais, não persigais vizinhos, concidadãos, cuja ignorância devemos deplorar mais ainda do que reprovar a sua maldade (...). É pela razão e não pela violência que os homens devem ser reconduzidos à verdade. A todos pois vos ordenamos, nossos fiéis súbditos, que deixem em sossego os galileus».

Tais eram os sentimentos deste príncipe, ao qual podemos censurar o paganismo, mas não a apostasia: passou os primeiros anos da sua vida sob diferentes mestres e em diferentes escolas, e fez numa idade mais avançada uma escolha desafortunada: decidiu-se por desgraça pelo culto dos seus avós e pelos deuses do seu país.

44. Uma coisa que me causa espanto é que as obras deste sábio imperador tenham chegado até nós. Contêm traços que não lesam a verdade do cristianismo, mas que são bastante desvantajosos para alguns cristãos do seu tempo para terem causado a atenção singular que os Padres da Igreja puseram em suprimir as obras dos seus inimigos. Fora aparentemente destes predecessores que S. Gregório Magno herdara o zelo bárbaro que o animou contra as letras e as artes. Se tal tivesse dependido somente deste pontífice, o nosso caso seria como o dos maometanos que estão reduzidos em matéria de leitura unicamente à do seu Alcorão. Pois que sorte poderiam ter os autores antigos nas mãos de um homem que por princípio religioso cultivava solecismos; que imaginava que observar as regras da gramática era submeter Jesus Cristo a Donato[19], e que se julgou obrigado em consciência a abater as ruínas da Antiguidade?

45. Contudo, o carácter das Escrituras não é um carácter tão claramente marcado nelas que torne a autoridade dos historiadores sagrados absolutamente independente do testemunho dos autores profanos. Que seria de nós se tivéssemos de reconhecer o dedo de Deus na forma da nossa Bíblia? A que ponto não é miserável a versão latina? Os próprios originais não são obras-primas de composição. Os profetas, os apóstolos e os evangelistas escreveram conforme sabiam. Se nos fosse permitido

---

([19]) Élio Donato, eminente gramático latino do século IV *(N.T.)*.

olhar a história do povo hebreu como uma simples produção do espírito humano, Moisés e os seus continuadores não prevaleceriam sobre Tito Lívio, Salústio, César e Josefo, que, todos eles, são autores que não suspeitamos certamente de terem escrito por inspiração. Não preferimos até o jesuíta Berruyer a Moisés? Conservam-se nas nossas igrejas quadros que nos asseguram terem sido pintados por anjos e pela própria Divindade: se essas composições tivessem saído da mão de Le Sueur ou de Le Brun, que poderia eu opor a essa tradição imemorial? Nada de nada, talvez. Mas quando observo essas obras celestes, e vejo a cada passo as regras da pintura violadas no desenho e na execução, a verdade da arte abandonada por toda a parte, não podendo supor que o operário era um ignorante, tenho por força de acusar de fabulosa a tradição. Que aplicação não faria eu destes quadros às Sagradas Escrituras, se não soubesse como importa pouco que esteja bem ou mal dito o que aquelas contêm? Os profetas prevalecem-se de dizer a verdade, e não de dizer bem. Morreram os apóstolos por outra coisa que não a verdade do que disseram ou escreveram? Ora, para voltar ao ponto que me ocupa, que importância não teria conservar autores profanos que não podiam deixar de concordar com os autores sagrados, pelo menos sobre a existência dos milagres de Jesus Cristo e o carácter de Pôncio Pilatos, e sobre as acções e o martírio dos primeiros cristãos?

46. Um povo inteiro, dir-me-eis, é testemunha de tal facto; ousareis vós negá-lo? Sim, ousarei, enquanto não me for confirmado pela autoridade de alguém que não seja do vosso partido, e ignorar que esse alguém era incapaz de fanatismo e de sedução? Mais ainda. Se um autor de uma imparcialidade confessa me contar que um fosso se abriu no meio de uma cidade; que os deuses consultados sobre o que sucedera responderam que o fosso se fecharia, se lá para dentro se lançasse o que de mais precioso se possuísse; que um bravo cavaleiro se precipitara nele, e que o oráculo se cumprira; crê-lo-ei muito menos do que se me dissesse simplesmente que, tendo-se aberto um fosso, foram necessários um tempo e trabalhos consideráveis para o colmatar. Quanto menos verosimilhança tiver um facto, mais perde peso o testemunho da história. Acreditaria sem dificuldade um único homem de bem que me anunciasse *que Sua Majestade acaba de obter uma vitória completa sobre os aliados*[20]; mas não acreditaria numa palavra, ainda que toda a Paris me asseverasse que um morto acaba de ressuscitar em Passy. Seja um historiador a afirmá-los ou todo um povo a enganar-se, não existem prodígios.

47. Tarquínio projecta acrescentar novos corpos de cavalaria aos que Rómulo formara. Um áugure sustenta perante ele que toda a inovação nessa milícia é sacrílega se não tiver sido autorizada pelos deuses. Chocado com a liberdade do sacerdote, e resolvido a confundi-lo e a desacreditar na sua pessoa uma arte que tocava a sua autoridade, Tarquínio manda que o chamem à praça pública, e

---

[20] Diderot evoca aqui a Guerra da Sucessão da Áustria (1740-1748), então ainda em curso (*N.T.*).

diz-lhe: «Adivinho, é possível aquilo que penso? Se a tua ciência é tal como a gabas, põe-te em condições de responder». O áugure não se desconcerta, consulta as aves e responde: «Sim, príncipe, aquilo que pensas pode ser feito». Então Tarquínio, puxando de uma lâmina escondida na túnica e tomando uma pedra na mão: «Aproxima-te», diz ele ao adivinho, «corta-me esta pedra com esta lâmina: pois pensei que tal era possível». Navius – é este o nome do áugure – dirige-se ao povo, e diz com firmeza: «Aplique-se a lâmina à pedra, e que me conduzam ao suplício se logo aquela não se fizer em duas». Eis com efeito, contra toda a expectativa, que a dureza da pedra cede ao gume da lâmina: as duas partes separam-se tão prontamente que a lâmina fere a mão de Tarquínio e dela faz correr sangue. O povo exclama de espanto; Tarquínio renuncia aos seus projectos e declara-se protector dos áugures; a lâmina e os fragmentos da pedra são enterrados sob um altar. Levanta-se uma estátua ao adivinho: essa estátua subsistia ainda no reinado de Augusto, e a Antiguidade profana e sagrada atesta-nos a verdade deste facto, nos escritos de Lactâncio, de Dionísio de Halicarnasso e de Santo Agostinho.

Ouvistes a história; escutai a superstição. «Que respondeis a isto? Devemos – diz o supersticioso Quinto a Cícero, seu irmão – devemos ou precipitar-nos num pirronismo monstruoso, ter os povos e os historiadores por estúpidos, e queimar os anais, ou admitir o facto. Negareis vós tudo isso, de preferência a confessar que os deuses intervêm nos nossos assuntos?»

Hoc ego philosophi non esse arbitror testibus uti, qui aut casu veri aut malitia falsi fictique esse possunt;

argumentis et rationibus oportet, quare quidque ita sit, docere, non eventis, eis praesertim quibus mihi liceat non credere... Omitte igitur lituum Romuli, quem in maximo incendio negas potuisse comburi; contemne cotem Atti Navi. Nihil debet esse in philosophia commenticiis fabellis loci; illud erat philosophi potius, totius auguri primum naturam ipsam videre, deinde inventionem, deinde constantiam... Habent Etrusci exaratum puerum auctorem disciplinae suae. Nos quem? Acciumne Navium?... Placet igitur humanitatis expertis habere divinitatis auctores! – Mas é a crença dos reis, dos povos, das nações e do mundo. – *Quasi vere quidquam sit tam valde, quam nihil sapere vulgare? Aut quasi tibi ipsi in judicando placeat multitudo*([21]). Eis a resposta do filósofo. Que me citem um só prodígio ao qual ela não possa aplicar-se! Os Padres da Igreja, que viam sem dúvida grandes inconvenientes em servir-se dos princípios de Cícero, preferiram admitir a aventura

---

([21]) «Quanto a mim, não penso que deva um filósofo servir-se de testemunhos que possam ser verdadeiros por acaso ou falseados e forjados pela má-fé. É por argumentos e razões que deve mostrar-se porque é que cada coisa é como é, e não por factos, sobretudo por aqueles em que não me é lícito crer (...). Esquece pois a vara de áugure de Rómulo, que dizes não poder ter ardido no maior dos incêndios. Despreza a pedra de Attus Navius. Na filosofia não devem ter cabimento fábulas mentirosas. O que incumbia ao filósofo era examinar primeiro a própria natureza de toda a arte divinatória, depois o seu nascimento, depois a sua constância (...). Os etruscos têm um menino desenterrado pelo arado por inventor da sua ciência. E nós? Attus Navius? (...). Convirá então termos por autoridades sobre o divino gente ignara? (...). Como se não houvesse coisa mais largamente proclamada do que o saber vulgar. Ou como se tu mesmo, ao formares o teu juízo, adoptasses a opinião da multidão», Cícero, *De divinatione*, II, 11 (*N.T*).

de Tarquínio e atribuir a arte de Navius ao diabo. É uma bela máquina, o diabo.

48. Todos os povos têm desses factos, aos quais, de maravilhosos que são só falta serem verdadeiros; com os quais se demonstra tudo, mas sem que sejam eles mesmos provados; que não ousa negar quem não seja ímpio, nem pode crer quem não seja imbecil.

49. Rómulo, ferido pelo raio ou massacrado pelos senadores, desaparece de entre os romanos. O caso faz com que o povo e o soldado murmurem. As ordens do Estado levantam-se umas contra as outras, e a Roma nascente, dividida por dentro e cercada de inimigos por fora, estava à beira do precipício, quando um tal Próculo avança gravemente e diz: «Romanos, esse príncipe que chorais não está morto: subiu aos céus, onde está sentado à direita de Júpiter. Vai, disse-me ele, serena os teus concidadãos, anuncia-lhes que Rómulo está entre os deuses; garante-lhes a minha protecção; que saibam que as forças dos seus inimigos nunca prevalecerão contra eles; o destino quer que sejam um dia senhores do mundo; assim façam eles somente passar a predição de era em era, até à sua posteridade mais remota». Há conjunturas favoráveis à impostura, e se examinarmos o que era então o estado de coisas em Roma, conviremos em que Próculo era um homem avisado, e que soube agir de acordo com os tempos. Introduziu nos espíritos um preconceito que não foi inútil à grandeza futura da sua pátria. *Mirum est quantum illi viro, haec niuntianti, fidei fuerit; quamque desiderium Romuli apud plebem, fact fide* *immortalitatis, lenitum sit. Famam hanc admiratio viri et pavor praesens nobilitavit; factoque a paucis initio, Deum, Deo natum, salvere universi Romulum jubent*([22]). Quer isto dizer que o povo acreditou naquela aparição; que os senadores fingiram acreditar e que foram levantados altares a Rómulo. Mas as coisas não se ficaram por tão pouco. Em breve já não teria sido a um simples particular que Rómulo aparecera. Mostrara-se a mais de mil pessoas num mesmo dia. Não fora fulminado pelo raio, os senadores não se tinham desembaraçado dele aproveitando uma intempérie, mas ascendera nos ares por entre relâmpagos e o som do trovão, diante dos olhos de todo um povo; e esta aventura foi sendo corroborada com o tempo por peças tão numerosas que deve ter sido grande causa de embaraço para os espíritos fortes do século seguinte.

50. Uma só demonstração impressiona-me mais do que cinquenta factos. Graças à extrema confiança que tenho na minha razão, a minha fé não está à mercê do primeiro saltimbanco. Pontífice de Maomé, faz andar os coxos; faz falar os mudos; devolve a vista aos cegos; cura paralíticos; ressuscita mortos; restitui até aos estropiados os mem-

---

([22]) «Causa admiração ver como este homem e a nova que trazia inspiraram confiança, e como a lamentação por Rómulo amainou na plebe com o firmar-se a crença na sua imortalidade. A admiração pelo herói e a inquietação presente deram crédito ao rumor; e, seguindo o exemplo de uns quantos, todos aprovaram que Rómulo fosse saudado como um deus, de um deus nascido». Cf. Tito Lívio, *Ab Urbe condita libri* [História de Roma], 1, 16 (*N.T*).

bros que lhes faltam, milagre que não foi tentado ainda: e para teu grande espanto a minha fé não será abalada. Queres que me torne teu prosélito? Deixa todos esses prestígios, e raciocinemos. Sinto-me mais seguro do meu juízo do que dos meus olhos.

Se a religião que me anuncias é verdadeira, a sua verdade pode ser posta em evidência e demonstrada por razões invencíveis. Encontra-as, a essas razões. Porquê assediares-me com prodígios, quando, para me esmagares, não necessitas senão de um silogismo? Pois quê! Ser-te-ia mais fácil fazeres andar um coxo do que esclareceres-me?

51. Um homem está estendido por terra sem sentidos, sem voz, sem calor, sem movimento. Viram-no para um lado, tornam a virá-lo para o outro, sacodem-no, aplicam-lhe lume, nada o comove: o ferro ao rubro não consegue arrancar-lhe um sintoma de vida; crêem-no morto: estará morto? Não. É a réplica do sacerdote de Calama. *Qui, quando ei placebat, ad imitatas lamentantis hominis voices, ita se auferebat a sensibus et jacebat similissimus mortuo, ut non solum vellicantes atque pungentes minime sentiret, sed aliquando etiam igne ureretur admoto, sine ullo doloris sensu, nisi postmodum ex vulnere, etc.* [23]) (Santo Agostinho, *Cidade de Deus*, liv. XIV, capítulo XXIV).

([23]) «Que, quando bem entendia, ao ouvir imitar vozes de lamento, subtraía-se aos sentidos e jazia à semelhança de um morto, de tal sorte que, sem que tal lhe causasse dor senão mais tarde, não sentia nem as pinças nem os aguilhões quando o feriam, nem próprio fogo se o queimassem» (*N.T.*).

Se certas pessoas tivessem deparado nos nossos dias com um caso semelhante, teriam dele tirado bom partido. Far-nos-iam ver um cadáver reanimar-se sobre as cinzas de um predestinado; a colectânea do magistrado jansenista([24]) ter-se-ia visto enriquecida por uma ressurreição, e o constitucionário([25]) achar-se-ia talvez confundido.

52. Deve admitir-se, diz o lógico de Port-Royal, que Santo Agostinho teve razão ao sustentar, com Platão, que o juízo da verdade e a regra do discernimento não pertencem aos sentidos, mas ao espírito: *non est veritatis judicium in sensibus*. E ainda que essa certeza que podemos tirar dos sentidos não vai muito longe, e que há várias coisas que cremos saber por intermédio deles, mas das quais não estamos inteiramente seguros. Logo, quando o testemunho dos sentidos contradiz ou não contrabalança a autoridade da razão, não há outra escolha: em boa lógica, é à razão que devemos ater-nos.

53. Um subúrbio ressoa de aclamações: a cinza de um predestinado faz aí num dia mais prodígios do que Jesus Cristo durante toda a sua vida. A turba acode e acorre; eu sigo-a. Assim que chego, ouço gritar: Milagre! Milagre! Aproximo-me, olho, e vejo

---

([24]) O «magistrado jansenista» parece ser Carré de Montgeron (1686-1754), que, depois de ser libertino, se converteu e consagrou à defesa dos «convulsionários», que contestavam a bula *Unigenitus* do papa Clemente XI, publicada em 1713, e a sua condenação do jansenismo (*N.T.*).

([25]) Defensor da bula de Clemente XI e da condenação do jansenismo (*N.T.*).

um pequeno coxo que se move com a ajuda de três ou quatro pessoas caridosas que o amparam; e o povo, maravilhado com o que vê, repete: «Milagre! Milagre!» Onde está pois o milagre, povo imbecil? Não vês que este impostor não fez mais do que trocar de muletas? Passava-se, na ocasião, em matéria de milagres o que se passa sempre no caso dos espíritos. Eu poderia jurar que todos os que viram espíritos os temiam de antemão, e que todos os que ali viam milagres estavam bem decididos a vê-los.

54. Há, todavia, uma vasta colectânea destes pretensos milagres que poderá desafiar a incredulidade mais determinada. O autor é um senador([26]), um homem grave que professava um materialismo bastante mal entendido na verdade, mas que não esperava a sua fortuna da conversão: testemunha ocular dos factos que narra, e dos quais pôde ajuizar sem prevenção e sem interesse, o seu testemunho tem mil outros que o acompanham. Todos dizem que viram, e o seu depoimento tem toda a autenticidade possível: os arquivos públicos conservam os autos originais. Que responder a isto? Que responder? Que esses milagres nada provam, enquanto não tiver sido decidida a questão dos sentimentos.

55. Todo o argumento que é uma prova favorável a dois partidos não é uma prova favorável nem a um nem a outro. Se o fanatismo tem os seus mártires, tal como a verdadeira religião, e se, entre os que

---

([26]) Trata-se, uma vez mais, do já referido Carré de Montgeron (*N.T.*).

morreram pela verdadeira religião, houve fanáticos, ou contemos, se pudermos, o número dos mortos, e acreditemos, ou busquemos antes outros motivos de credibilidade.

56. Nada é mais capaz de confortar na irreligião do que motivos de conversão falsos. Todos os dias se diz aos incrédulos: «Quem sois para atacardes uma religião que os Paulos, os Tertulianos, os Atanásios, os Crisóstomos, os Agostinhos, os Ciprianos e tantos outros ilustres personagens tão corajosamente defenderam? Ter-vos-eis apercebido sem dúvida de alguma dificuldade que escapara a estes génios superiores: mostrai-nos pois que sabeis mais do que eles, ou sacrificai as vossas dúvidas às suas decisões, se admitirdes que eles sabiam mais do que vós». Argumento frívolo. As luzes dos ministros não são uma prova da verdade de uma religião. Que culto houve mais absurdo do que o dos egípcios, e que ministros mais esclarecidos?... Não, não posso adorar esta cebola. Que privilégio tem ela sobre os outros legumes? Bem louco seria em prostituindo a minha homenagem a seres destinados à minha alimentação! Que encantadora divindade, a de uma planta que eu rego, que cresce e morre na minha horta!... «Cala-te, miserável, as tuas blasfémias fazem-me estremecer: É bem a ti que cabe ajuizar! Conhecerás essas coisas melhor do que o sagrado colégio? Quem és tu para atacares os teus deuses, e dares lições de sabedoria aos seus ministros? Serás mais esclarecido do que esses oráculos que o universo inteiro vem interrogar? Seja qual for a tua resposta, admirarei o teu orgulho ou a tua temeridade». Não sentirão os cristãos jamais toda a sua força, e não abandonarão estes infelizes sofismas àqueles para os quais eles são o único recurso? *Omittamus ista communia quae ex utraque parte dici possunt, quamquam vere ex utraque parte dici non possint* (Santo Agostinho[27]). O exemplo, os prodígios e a autoridade podem produzir ludibriados ou hipócritas. Só a razão produz crentes.

57. Reconhecemos que é da máxima importância não empregar em defesa do culto senão razões sólidas; e contudo perseguir-se-iam de bom grado os que trabalham para desacreditar as más. Como assim? Não basta que alguém seja cristão? Será necessário que o seja por más razões? Devotos, advirto-vos do seguinte: não sou cristão porque Santo Agostinho o era; mas sou-o porque é razoável sê-lo.

58. Conheço os devotos: ei-los prontos a alarmarem-se. Se alguma vez julgarem que este escrito contém qualquer coisa de contrário às suas ideias, espero deles todas as calúnias que difundiram sobre mil outros que valiam mais do que eu. Se não passo de um deísta e de um celerado, não me será difícil defender-me. Há muito tempo já que condenaram Descartes, Montaigne, Locke e Bayle; e espero que condenem ainda muitos outros mais. Declaro-lhes contudo que não me gabo de ser nem melhor homem de bem, nem melhor cristão do que a maior parte desses filósofos. Nasci na Igreja católica, apostólica e romana, e submeto-me com todas as minhas forças às suas decisões. Quero morrer na religião dos

---

([27]) «Deixemos estes lugares comuns que podem ser sustentados pelas duas partes, ainda que as duas não possam ser verdadeiras» (*N.T.*).

meus pais, e creio-a boa tanto quanto tal é possível a quem nunca teve comércio imediato com a Divindade, e nunca foi testemunha de milagre algum. Eis a minha profissão de fé: estou quase certo de que os descontentará, embora talvez não haja entre eles quem seja capaz de fazer outra melhor.

59. Li algumas vezes Abbadie, Huet, e os outros. Conheço suficientemente as provas da minha religião, e convenho que são grandes; mas cem vezes maiores que fossem, o cristianismo não me teria sido ainda demonstrado. Porquê, pois, exigirem de mim que creia que há três pessoas em Deus, tão firmemente como creio que os três ângulos de um triângulo são iguais a dois rectos? Toda a prova deverá produzir em mim uma certeza proporcional ao seu grau de força; e a acção das demonstrações geométricas, morais e físicas, sobre o meu espírito deverá ser diferente, ou tornará frívola qualquer distinção entre elas.

60. Apresentais a um incrédulo um volume de escritos cuja divindade pretendeis demonstrar-lhe. Mas antes de entrar na discussão das vossas provas, ele não deixará de vos interrogar sobre a sua compilação. Foi sempre a mesma? – perguntar-vos-á. Porque é ela hoje menos ampla do que o era uns séculos antes? Com que direito foi banida esta e aquela obra que uma outra seita reverencia, e conservada estoutra e aqueloutra que ela rejeitou? Que fundamento vos levou a dar a preferência a este manuscrito? Quem vos dirigiu nas escolhas que fizestes entre tantas cópias diferentes, que são provas evidentes de que estes autores sagrados não vos foram transmitidos na sua pureza original e primeira? Mas se a ignorância dos copistas ou a malícia dos heréticos as corrompeu, no que tereis de convir, eis-vos forçado a restituí-las no seu estado natural, antes de provardes a sua divindade; pois que não é sobre uma recolha de escritos mutilados que recairão as vossas provas, e que eu estabelecerei a minha crença. Ora, quem encarregareis vós desta reforma? A Igreja. Mas eu não posso admitir a infalibilidade da Igreja sem que me seja provada a divindade das Escrituras. Eis, pois, que o cepticismo se torna para mim necessidade.

Não se responde a esta dificuldade senão reconhecendo que os primeiros fundamentos da fé são puramente humanos; que a escolha entre os manuscritos, que a restituição das passagens, que a compilação, enfim, se fez seguindo regras de crítica; e eu não me recuso a atribuir à divindade dos livros sagrados um grau de fé proporcional à certeza dessas regras.

61. Foi ao buscar provas que encontrei dificuldades. Os livros que contêm os motivos da minha crença oferecem-me ao mesmo tempo as razões da incredulidade. São dois arsenais comuns. Neles, vi o deísta armar-se contra o ateu; o deísta e o ateu lutarem contra o judeu; o ateu, o deísta e o judeu ligarem-se contra o cristão; o cristão, o judeu, o deísta e o ateu baterem-se com o muçulmano; o ateu, o deísta, o judeu, o muçulmano e a multidão das seitas do cristianismo caírem sobre o cristão, e o céptico batalhar só contra todos. Eu ajuizava dos golpes. Detinha a balança entre os combatentes; os seus pratos subiam ou desciam segundo os pesos que carregavam. Depois de longas oscilações, pendeu para o lado do cristão, mas graças somente ao excesso do seu peso, a par da resistência do lado oposto. Sou testemunha diante de mim mesmo da minha equidade. Não dependeu de mim que esse excesso de peso me parecesse bastante grande. Atesto perante Deus a minha sinceridade.

62. Esta diversidade de opiniões fez com que os deístas imaginassem um argumento talvez mais singular do que sólido. Cícero, tratando de provar que os romanos eram o povo mais belicoso da terra, extrai habilmente esta confissão da boca dos seus rivais: «Gauleses, a quem cedeis em coragem, se o cederdes a alguém? – Aos romanos. – Partos, a seguir a vós, que homens são os mais corajosos? – Os romanos. – Africanos, quem temeríeis, se alguém tivésseis a temer? – Os romanos». Interroguemos seguindo o seu exemplo os demais religionários, dizem-vos os deístas. «Chineses, que religião seria a melhor, se não o fosse a vossa? – A religião natural. – Muçulmanos, que culto abraçaríeis se abjurásseis Maomé? – O naturalismo. – Cristãos, que religião é a verdadeira, tirando a cristã? – O naturalismo». Ora, continua Cícero, aqueles aos quais o segundo lugar é atribuído por um consenso unânime, e que não cedem o primeiro a ninguém, merecem incontestavelmente este último[28].

---

[28] É Santo Agostinho quem atribui a Cícero um exemplo análogo, situando-o num trecho do seu *Academica*, que não chegou até nós. Mas Diderot modifica o exemplo, substituindo as qualidades guerreiras aos méritos das escolas filosóficas (*N.T.*).

Adição aos Pensamentos Filosóficos
ou objecções diversas contra os
escritos de diferentes teólogos

Caiu-me entre as mãos uma pequena obra muito rara intitulada *Objecções Diversas contra os Escritos de Diferentes Teólogos*. Podado e escrito com um pouco mais de calor, poderia ser uma muito boa continuação dos *Pensamentos Filosóficos*. Eis algumas das melhores ideias do autor em causa([29]) .

1. As dúvidas em matéria de religião, longe de serem actos de impiedade, devem ser consideradas como boas obras quando são de um homem que reconhece humildemente a sua ignorância, e quando nascem do temor de desagradar a Deus pelo abuso da razão.

([29]) A *Addition...* é publicada em 1762, numa altura em que as teses de *Pensées...* tinham já sido continuadas, aprofundadas e inflectidas no sentido do materialismo muito peculiar de Diderot por vários outros importantes escritos seus. Embora a *Adição* seja apresentada como simples recapitulação dos temas mais interessantes de *Objections diverses contre les récits de différents théologiens* – cuja autoria tem sido atribuída ora a Louis-Jean Lêvesque de Pouilly, ora a Saint-Hyacinthe –, o certo é que Diderot modula, passa ao crivo e refunde os propósitos e a mensagem do texto «antologiado», produzindo assim um novo trabalho original (*N.T.*).

2. Admitir alguma conformidade entre a razão do homem e a razão eterna que é Deus, e pretender que Deus exige o sacrifício da razão humana, é estabelecer que Deus ora quer, ora não quer.

3. Quando Deus, de quem recebemos a razão, exige o seu sacrifício, torna-se um manobrador habilidoso que escamoteia aquilo que deu.

4. Se renuncio à minha razão, deixo de ter guia; sou forçado a adoptar às cegas um princípio secundário, e a supor o que está em questão.

5. Se a razão é um dom do céu, e se se pode dizer o mesmo da fé, o céu deu-nos dois presentes incompatíveis e contraditórios.

6. Para se levantar esta dificuldade, é necessário dizer que a fé é um princípio quimérico, e que não existe na natureza.

7. Pascal, Nicole e outros disseram: «Que um Deus puna com penas eternas a falta de um pai culpado sobre todos os seus filhos inocentes, é uma proposição superior e não contrária à razão». Mas o que é, pois, uma proposição contrária à razão, se a que enuncia evidentemente uma blasfémia o não é?

8. Extraviado numa floresta imensa durante a noite, não tenho mais do que uma pequena luz para me conduzir. Sobrevém um desconhecido que me diz: «Meu amigo, sopra a tua vela para encontrares melhor o teu caminho». Este desconhecido é um teólogo.

9. Se a minha razão vem do alto, é a voz do céu que me fala através dela; devo escutá-la.

10. O mérito e o demérito não podem aplicar-se ao uso da razão, porque toda a boa vontade do mundo não pode servir a um cego para discernir as cores. Sou forçado a perceber a evidência onde ela está, e a falta de evidência onde a evidência não está, a menos que seja um imbecil: ora, a imbecilidade é uma desgraça, e não um vício.

12. E ele não te condenará sequer por teres sido um malvado. Pois quê! Não foste já desgraçado o bastante por teres sido malvado?

13. Toda a acção virtuosa é acompanhada de satisfação interior; toda a acção criminosa, de remorso: ora, o espírito admite sem vergonha e sem remorsos a sua repugnâncias por estas e aquelas proposições. Logo não há nem virtude nem crime, quer em crer nelas, quer em rejeitá-las.

14. Se é ainda necessária uma graça para fazer o bem, de que serviu a morte de Jesus Cristo?

15. Se há cem mil condenados por um que se salva, o diabo está sempre em vantagem, sem ter abandonado o seu filho à morte.

16. O Deus dos cristãos é um pai que faz grande caso das suas maçãs, e muito pouco dos seus filhos.

17. Tirai o temor do inferno a um cristão, e tirar-lhe-eis a sua crença.

18. Uma religião verdadeira, interessando todos os homens em todos os tempos e todos os lugares, deveria ter sido eterna, universal e evidente: nenhuma tem estes três caracteres, todas se comprovam, pois, três vezes falsas.

19. Os factos dos quais só alguns homens podem ter sido testemunhas são insuficientes para demonstrar uma religião que deve ser igualmente crida por toda a gente.

20. Os factos com que se apoiam as religiões são antigos e maravilhosos, quer dizer o mais suspeitos que é possível, como prova da mais incrível das coisas.

21. Provar o Evangelho por meio de um milagre, é provar um absurdo por meio de uma coisa contra-natura.

22. Mas que fará Deus àqueles que não ouviram falar do seu filho? Punirá os surdos por não terem ouvido?

23. Que fará àqueles que, tendo ouvido falar da sua religião, não puderam concebê-la? Punirá pigmeus por não terem sabido andar a passo de gigante?

24. Porque é que os milagres de Jesus Cristo são verdadeiros, e os de Esculápio, de Apolónio de Tiana e de Maomé são falsos?

25. Mas todos os judeus que havia em Jerusalém mostraram-se convertidos à vista dos milagres de Jesus Cristo? De maneira nenhuma. Longe de crerem nele, crucificaram-no. É mister convir que esses judeus são homens como não há outros. Por toda a parte se viram os povos transportados por um só falso milagre, e Jesus Cristo nada pode fazer do povo judeu com uma infinidade de milagres verdadeiros!

26. É a este milagre da incredulidade dos judeus que se deve dar valor, e não ao da ressurreição.

27. É tão certo como dois e dois serem quatro que César existiu; é tão certo que Jesus Cristo existiu como que existiu César: logo é tão certo que Jesus Cristo ressuscitou como que ele ou César existiu: Oh, nem por sombras! A existência de Jesus Cristo e de César não é um milagre.

28. Lê-se na *Vida do Senhor de Turenne* que, tendo-se ateado fogo numa casa, a presença do Santo Sacramento deteve subitamente o incêndio. De acordo. Mas lê-se também na história que, tendo um monge envenenado uma hóstia consagrada, um imperador da Alemanha morreu assim que a engoliu.

29. Ou nela não havia mais do que as aparências do pão e do vinho, ou teremos de dizer que o veneno se incorporara no corpo e no sangue de Jesus Cristo.

30. Esse corpo ganha mofo; esse sangue azeda; esse Deus é devorado pelas traças sobre o seu altar. Povo cego, egípcio imbecil, abre pois os olhos!

31. A religião de Jesus Cristo, anunciada por ignorantes, fez os primeiros cristãos; a mesma religião, pregada por sábios e doutores, não faz hoje senão incrédulos.

32. Objecta-se que a submissão a uma autoridade legislativa dispensa de julgar; mas onde está a religião, à face da Terra, sem uma autoridade semelhante?

33. É a educação da infância que impede um maometano de se fazer baptizar; é a educação da infância que impede um cristão de se fazer circuncidar; é a razão do homem feito que despreza por igual o baptismo e a circuncisão.

34. É dito em S. Lucas que Deus Pai é maior do que Deus Filho, *pater major me est*. Todavia, desprezando uma passagem tão formal, a Igreja pronuncia o seu anátema frente ao fiel escrupuloso que literalmente se atém às palavras do testamento do seu pai.

35. Se a autoridade pôde dispor a seu bel-prazer do sentido desta passagem, como não há outra em todas as Escrituras que seja mais precisa, não há uma só que possamos gabar-nos de ter entendido bem, e da qual a Igreja não faça no futuro tudo o que lhe aprouver.

36. *Tu es Petrus, et super hanc petram aedificabo ecclesiam meam*(³⁰). É isto a linguagem de um Deus, ou uma bizarria digna das de Tabourot (³¹) ?

37. *In dolore paries*, gerarás na dor, diz Deus à mulher prevaricadora. E que lhe fizeram as fêmeas dos animais que geram também na dor?

38. Se devemos entender à letra *pater major me est*, Jesus Cristo não é Deus. Se devemos entender à letra *hoc est corpus meum*, dava-se aos seus apóstolos por suas próprias mãos; o que é tão absurdo como dizer que S. Dinis baixou a cabeça depois de lha terem cortado.

39. Diz-se que se retirou para o Monte das Oliveiras, e que rezou. E a quem rezou? Rezou a si mesmo?

40. «É Deus quem faz Deus morrer para apaziguar Deus» é um excelente dito de La Hontan (³²). Resulta menos evidência de cem volumes in-fólio escritos a favor ou contra o cristianismo do que do ridículo destas duas linhas.

(³⁰) «Tu és pedra e sobre ti erguerei a minha Igreja (*N.T.*)
(³¹) No original: «...*ou bien une bigarrure digne du Seigneur des Accords?*» – o «*Seigneur des Accords*» remete para os termos da divisa de Étienne Tabourot (1547-1590), poeta francês, entre cujas obras se destacam *Les Bigarrures* («as bizarrias») (*N.T.*).
(³²) Louis Armand de Lom d'Arce, barão de Lahontan (1666-1716), viajante e escritor francês, etnologista *avant la lettre*, que reflecte criticamente sobre as diferenças culturais que, nomeadamente graças às suas viagens, pôde conhecer (*N.T.*).

41. Dizer que o homem é um composto de força e de fraqueza, de luz e de cegueira, de mesquinhez e de grandeza, não é mover-lhe um processo, é defini-lo.

42. O homem é como Deus ou a natureza o fez; e Deus e a natureza nada fazem de mal.

43. Àquilo a que chamamos o pecado original, Ninon de Lenclos chamava um original pecado ([33]).

44. É uma imprudência sem exemplo citar-se a conformidade dos evangelistas, quando há em alguns factos muito importantes dos quais noutros não se diz palavra.

45. Platão considerava a Divindade sob três aspectos, a bondade, a sabedoria e o poder. Tem de se fechar os olhos para se não ver aqui a Trindade dos cristãos. Havia vários séculos que o filósofo de Atenas chamava *Logos* ao que nós chamámos o Verbo.

46. As pessoas divinas são ou três acidentes, ou três substâncias. Não há meio termo. Se são três acidentes, somos ateus ou deístas. Se são três substâncias, somos pagãos.

([33]) No texto francês, contrapõem-se, num jogo literalmente intraduzível, os termos *originel*, «original» no sentido de «originário», e *original*, «original» no sentido de «invulgar» ou no sentido coloquial de «singular»: *Ce que nous appelons le péché originel, Ninon de Lenclos l'appelait le péché original* (*N.T.*).

47. Deus Pai julga os homens dignos da sua vingança eterna; Deus Filho julga-os dignos da sua misericórdia infinita; o Espírito Santo mantém-se neutro. Como conciliar esta verbosidade católica com a unidade da vontade divina?

48. Há muito tempo que se pede aos teólogos que conciliem o dogma das penas eternas com a misericórdia infinita de Deus; e eles continuam a fazer-nos esperar.

49. E porquê punir um culpado quando já não há bem algum a tirar do seu castigo?

50. É bem cruel e malvado quem pune só se tendo em conta a si mesmo.

51. Não há bom pai que queira parecer-se com o nosso pai celeste.

52. Que proporção entre o ofensor e o ofendido? Que proporção entre a ofensa e a punição? Amontoado de asneiras e de atrocidades!

53. E com que se encoleriza tanto, este Deus? Não se diria que posso alguma coisa pela ou contra a sua glória, pelo ou contra o seu repouso, pela ou contra a sua felicidade?

54. Quer-se que Deus faça arder o malvado que nada pode contra ele, num fogo que durará sem fim; e permitir-se-ia mal a um pai dar uma morte passageira a um filho que comprometesse a sua vida, a sua honra e a sua fortuna.

55. Ó cristãos, tendes pois duas ideias diferentes da bondade e da maldade, da verdade e da mentira. Sois por isso os mais absurdos dos dogmáticos, ou os mais exacerbados dos pírricos.

56. Só aquele que cometesse todo o mal possível poderia merecer também um castigo eterno. Para fazerdes de Deus um ser infinitamente vingativo, transformais o verme da terra num ser infinitamente poderoso. Nem todo o mal de que somos capazes é todo o mal possível.

57. Ao ouvirmos um teólogo exagerar a acção de um homem que Deus fez lascivo, e que se deitou com a sua vizinha que Deus fez complacente e formosa, não diríamos que se pusera fogo aos quatro cantos do universo? Pois sim, meu amigo! Ouve Marco Aurélio e verás que enfureces o teu Deus pela fricção ilícita e voluptuosa de duas vísceras.

58. O que os atrozes cristãos traduziram por eterno não significa mais do que duradouro em hebraico. É da ignorância de um hebraísmo e do humor feroz de um intérprete que vem o dogma da eternidade das penas.

59. Pascal disse: «Se a vossa religião é falsa, nada arriscais em crê-la verdadeira; se é verdadeira, arriscais tudo em crê-la falsa». Um imã pode dizer nem mais menos a mesma coisa que Pascal.

60. Que Jesus Cristo que é Deus tenha sido tentado pelo diabo, é um conto digno das *Mil e Uma Noites*.

61. Bem gostaria eu que um cristão, sobretudo um jansenista, me fizesse perceber o *cui bono* da encarnação. E seria mister ainda não se dilatar até ao infinito o número dos condenados, se se quiser tirar algum partido desse dogma.

62. Mas porque é que o cisne de Leda e as pequenas chamas de Castor e Pólux([34]) nos fazem rir, e não rimos das línguas da pomba e das línguas de fogo do Evangelho?

63. Uma mulher jovem, que se deitava de ordinário com o seu marido, recebeu um dia a visita de um jovem acompanhado por um pombo. Após essa visita, a mulher ficou cheia: e as pessoas perguntavam quem fora, do marido, do jovem ou da ave, que lhe fizera o filho. Um sacerdote que ali estava disse: «Está provado que foi a ave».

64. Havia nos primeiros séculos sessenta evangelhos que eram objecto de crença quase por igual; cinquenta e seis foram rejeitados em razão de puerilidades e de inépcias: nada dessa sorte resta nos que se conservaram?

65. Deus dá uma primeira lei aos homens, abole em seguida essa lei. Tal conduta não será um pouco a de um legislador que se enganou, e que com o tempo vem a reconhecê-lo? Será próprio de um ser perfeito reconsiderar?

([34]) Castor e Pólux eram tidos por patronos dos navegantes, aos olhos dos quais se manifestavam sob a forma do fenómeno mais tarde chamado «Fogo-de-Santelmo» (*N.T.*).

66. Há no mundo tantas espécies de fé como religiões.

67. Todos os sectários do mundo não são mais do que deístas heréticos.

68. Se o homem é infeliz sem ser culpado, não será por estar também destinado a gozar de uma felicidade eterna, sem jamais poder, por força da sua natureza, tornar-se digno dela?

69. Eis o que penso do dogma cristão. Não direi mais do que uma palavra sobre a sua moral. E é que para um bom pai de família, convencido da necessidade de se praticar à letra as máximas do Evangelho sob pena daquilo a que se chama o inferno, tendo em conta a extrema dificuldade de se aceder a esse grau de perfeição que o Evangelho exige, e que a fraqueza humana não comporta, não vejo que outro meio se ofereça senão o de agarrar no filho por um pé, e esmagá-lo no chão, ou sufocá-lo imediatamente após o baptismo. Agindo assim, salva-o do perigo da condenação, e garante-lhe uma felicidade eterna; e sustento que tal acção, longe de ser criminosa, deve passar por infinitamente louvável, porque se funda no motivo do amor paternal que exige que todo o bom pai faça pelos seus filhos todo o bem possível.

70. O preceito da religião e a lei da sociedade que proíbem matar inocentes não são, com efeito, bem absurdos e bem cruéis, quando, matando-os, se lhes assegurará uma felicidade infinita, ao mesmo tempo que deixá-los viver será votá-los quase certamente a uma infelicidade eterna?

71. Pois quê, Senhor de La Condamine! Será permitido que se inocule um filho para o proteger das bexigas, e não será permitido matá-lo para o proteger do inferno? Gracejais.

72. *Satis triumphat veritas si apud paucos bonos accepta sit; nec ejus indoles placere multis*([35]).

([35]) Citação de uma passagem de Justo Lípsio – ou Justus Lipsius – (1547-1606)), já evocada no início dos *Pensamentos Filosóficos*: o critério da verdade é a aceitação dos bons, ainda que poucos, e não no agrado que lhe dispensem os malvados, ainda que muitos... Cf. *supra*: «Se estes pensamentos a ninguém agradarem, é que só poderão ser maus; mas tê-los-ei por detestáveis, se agradarem a todos» (*N.T.*).

*
* *

Outrora(³⁶), na ilha de Ternate, não era permitido fosse a quem fosse, nem aos sacerdotes sequer, falar de religião. Havia um único templo; uma lei expressa proibia que houvesse dois. Nele não se viam nem altar, nem estátuas, nem imagens. Cem sacerdotes, que gozavam de um rendimento considerável, asseguravam o serviço do templo. Não cantavam nem falavam, mas num silêncio enorme mostravam com o dedo uma pirâmide sobre a qual estavam escritas estas palavras: *Mortais, adorai Deus, amai os vossos irmãos e tornai-vos úteis à pátria.*

*
* *

Um homem fora traído pelos seus filhos, pela sua mulher e pelos seus amigos; sócios infiéis tinham-no despojado da sua fortuna, fazendo-o mergulhar na miséria. Invadido de um ódio e de um desprezo profundo pela espécie humana, o homem deixou a sociedade e refugiou-se na solidão de uma caverna.

(³⁶) Este «pensamento» e o seguinte, que não constam nem do texto de *Pensées...*, nem do de *Addition...*, mas provêm de outro fundo documental (cf. Laurent Versini, in Diderot, *Œuvres*, t. I, *Philosophie*, Paris, Laffont, Bouquins, 1994, p. 48, n. 3), são incluídos por várias edições de referência como remate da *Adição*, cujas reflexões prolongam e, de certo modo, condensam, radicalizando as suas consequências e intenções organizadoras (*N.T.*).

Aí, premindo os olhos com os punhos, e meditando uma vingança proporcionada ao seu ressentimento, dizia: «Os perversos! Que farei para os punir das suas injustiças, e os tornar tão desgraçados como merecem? Ah, se fosse possível imaginar... meter-lhes na cabeça uma grande quimera a que dessem mais importância do que à sua vida, e sobre a qual não pudessem nunca entender-se!...» Ei-lo que então irrompe da caverna a gritar: «Deus! Deus!...» Ecos sem conto repetem à sua volta: «Deus! Deus!» Este nome temível transmite-se de um pólo a outro e é, por toda a parte, escutado com assombro. De começo os homens prosternam-se, a seguir levantam-se, interrogam-se, disputam, tornam-se azedos, anatematizam-se, odeiam-se, degolam-se uns aos outros, e cumpre-se o voto fatal do misantropo. Pois tal foi no tempo passado, e será no tempo por vir, a história de um ser tão importante como incompreensível.

TEXTOS FILOSÓFICOS

1. *Crítica da Razão Prática,* Immanuel Kant
2. *Investigação sobre o Entendimento Humano,* David Hume
3. *Crepúsculo dos Ídolos,* Friedrich Nietzsche
4. *Discurso de Metafísica,* Immanuel Kant
5. *Os Progressos da Metafísica,* Immanuel Kant
6. *Regras para a Direcção do Espírito,* René Descartes
7. *Fundamentação da Metafísica dos Costumes,* Immanuel Kant
8. *A Ideia da Fenomenologia,* Edmund Husserl
9. *Discurso do Método,* René Descartes
10. *Ponto de Vista Explicativo da Minha Obra de Escritor,* Sören Kierkegaard
11. *A Filosofia na Idade Trágica dos Gregos,* Friedrich Nietzsche
12. *Carta sobre a Tolerância,* John Locke
13. *Prolegómenos a Toda a Metafísica Futura,* Immanuel Kant
14. *Tratado da Reforma do Entendimento,* Bento de Espinosa
15. *Simbolismo: Seu Significado e Efeito,* Alfred North Withehead
16. *Ensaio sobre os Dados Imediatos da Consciência,* Henri Bergson
17. *Enciclopédia das Ciência Filosóficas em Epítome (Vol. I),* Georg Wilhelm Friedrich Hegel
18. *A Paz Perpétua e Outros Opúsculos,* Immanuel Kant
19. *Diálogo sobre a Felicidade,* Santo Agostinho
20. *Princípios da Filosofia do Futuro,* Ludwig Feuerbach
21. *Enciclopédia das Ciência Filosóficas em Epítome (Vol. II),* Georg Wilhelm Friedrich Hegel
22. *Manuscritos Económico-Filosóficos,* Karl Marx
23. *Propedêutica Filosófica,* Georg Wilhelm Friedrich Hegel
24. *O Anticristo,* Friedrich Nietzsche
25. *Discurso sobre a Dignidade do Homem,* Giovanni Pico della Mirandola
26. *Ecce Homo,* Friedrich Nietzsche
27. *O Materialismo Racional,* Gaston Bachelard
28. *Princípios Metafísicos da Ciência da Natureza,* Immanuel Kant
29. *Diálogo de um Filósofo Cristão e de um Filósofo Chinês,* Nicholas Malebranche
30. *O Sistema da Vida Ética,* Georg Wilhelm Friedrich Hegel
31. *Introdução à História da Filosofia,* Georg Wilhelm Friedrich Hegel
32. *As Conferências de Paris,* Edmund Husserl
33. *Teoria das Concepções do Mundo,* Wilhelm Dilthey
34. *A Religião nos Limites da Simples Razão,* Immanuel Kant
35. *Enciclopédia das Ciência Filosóficas em Epítome (Vol. III),* Georg Wilhelm Friedrich Hegel

36. *Investigações Filosóficas sobre a Essência da Liberdade Humana*, F. W. J. Schelling
37. *O Conflito das Faculdades*, Immanuel Kant
38. *Morte e Sobrevivência*, Max Scheler
39. *A Razão na História*, Georg Wilhelm Friedrich Hegel
40. *O Novo Espírito Científico*, Gaston Bachelard
41. *Sobre a Metafísica do Ser no Tempo*, Henrique de Gand
42. *Princípios de Filosofia*, René Descartes
43. *Tratado do Primeiro Princípio*, João Duns Escoto
44. *Ensaio sobre a Verdadeira Origem, Extensão e Fim do Governo Civil*, John Locke
45. *A Unidade do Intelecto contra os Averroístas*, São Tomás de Aquino
46. *A Guerra e A Queixa da Paz*, Erasmo de Roterdão
47. *Lições sobre a Vocação do Sábio*, Johann Gottlieb Fichte
48. *Dos Deveres (De Officiis)*, Cícero
49. *Da Alma (De Anima)*, Aristóteles
50. *A Evolução Criadora*, Henri Bergson
51. *Psicologia e Compreensão*, Wilhelm Dilthey
52. *Deus e a Filosofia*, Étienne Gilson
53. *Metafísica dos Costumes, Parte I, Princípios Metafísicos da Doutrina do Direito*, Immanuel Kant
54. *Metafísica dos Costumes, Parte II, Princípios Metafísicos da Doutrina da Virtude*, Immanuel Kant
55. *Leis. Vol. I*, Platão
58. *Diálogos sobre a Religião Natural*, David Hume
59. *Sobre a Liberdade*, John Stuart Mill
60. *Dois Tratados do Governo Civil*, John Locke
61. *Nova Atlântida e A Grande Instauração*, Francis Bacon
62. *Do Espírito das Leis*, Montesquieu
63. *Observações sobre o sentimento do belo e do sublime* e *Ensaio sobre as doenças mentais*, Immanuel Kant
64. *Sobre a Pedagogia*, Immanuel Kant
65. *Pensamentos Filosóficos* e *Adição aos Pensamentos Filosóficos ou Objecções Diversas contra os Escritos de Diferentes Teólogos*, Denis Diderot